Le blog de Maïa

Annie Coutelle

HACHETTE
Français langue étrangère
www.hachettefle.fr

Découvrez tous les titres de la collection

FICTIONS

▶ Niveau A1

Double je (Guérin)
Enquête capitale (Decourtis)
La Dernière nuit au phare (Paoli)
La Nuit blanche de Zoé (Vardi)
Le Blog de Maïa (Coutelle)
Le Coffret mystérieux (C. et A. Ventura)
Le Match de Thomas (Boyer)
Mystère sur le Vieux-Port (Paoli)
Rémi et Juliette (Lamarche)
Rémi et le mystère de St-Péray (Coutelle)
Si c'était vrai (Bataille)

▶ Niveau A2

Julie est amoureuse (Guilloux)
La Cité perdue (Lamarche)
La Disparition (Gutleben)
La ville souterraine (Gerrier)
Le Prisonnier du temps (Roy)
Le Sortilège de Merlin (Gerrier)
Le Tailleur de pierre (Gerrier)
Le Trésor de la Marie-Galante (Leballeur)
Nico et le village maudit (Guilloux)
Peur sur la ville (Roy)

▶ Niveau B1

Attention aux pickpockets ! (Lamarche)
Les Danseurs de sable (Massardier)
Lucas sur la route (Boyer)
Maxime et le Canard (Dannais)

CLASSIQUES

▶ Niveau A2

La Vénus d'ille, Colombe, Carmen (Mérimée)
Le Tour du monde en 80 jours (Verne)
Les Contes (Perrault)
Les Misérables - Cosette, tome 2 (Hugo)
Les Misérables - Fantine, tome 1 (Hugo)
Les Trois Mousquetaires, tome 1 (Dumas)
Les Trois Mousquetaires, tome 2 (Dumas)

▶ Niveau B1

20 000 lieues sous les mers (Verne)
Candide (Voltaire)
Cinq contes (Maupassant)
Cyrano de Bergerac (Rostand)
Germinal (Zola)
Sans famille (Malot)
Le Barbier de Séville (Molière)
Le Comte de Monte Cristo, tome1 (Dumas)
Le Comte de Monte Cristo, tome 2 (Dumas)
Le Médecin Malgré lui (Molière)
Les Aventures d'Arsène Lupin (Leblanc)
Les Misérables - Gavroche, tome 3 (Hugo)

▶ Niveau B2

La Tête d'un homme (Simenon)
Maigret tend un piège (Simenon)

Couverture : Anne-Danielle Naname
Conception de la maquette intérieure :
Isabelle Abiven
Mise en pages : Anne-Danielle Naname
Illustrations : Denis Viougeas
Mise en couleur des illustrations : Isabelle Glenaz
Secrétariat d'édition : Cécile Schwartz

ISBN : 978-2-01-155672-1

Sommaire

Salut c'est moi, Massouira

www.leblogdemassouira.com

émarrage Dernières nouvelles.

eb Images Maps Actualités Vidéo plus ▼

Voilà ! Je m'appelle Massouira : j'ai 12 ans et demi.

www.leblogdemassouira.com

Démarrage   Dernières nouvelles.

Web Images Maps Actualités Vidéo plus ▼

La semaine, les jours se suivent. Je vais au collège, je mange à la cantine, je rentre à la maison après mes cours. Je fais mes devoirs dans ma chambre. Je dîne avec mes parents et ma sœur. À la fin du dîner, je retourne souvent dans ma chambre, sur mon lit et j'écoute de la musique sur mon baladeur[1] MP3.

Dans ma classe tout le monde écrit son blog[2]. Moi aussi j'ai plein de choses dans la tête, plein de questions. Je parle avec mes copines mais quand j'écris ce n'est pas comme quand je parle. Je peux décrire mes sentiments, mes pensées... Je suis un peu timide et je ne sais pas pourquoi. Des gens vont me lire et m'aimer peut-être ?

Massouira ce n'est pas mon vrai nom. J'aime rester inconnue ! J'ai une autre identité : j'ai mélangé mon vrai prénom et le nom de ma ville préférée au Maroc (ma famille est d'origine marocaine). Massouira, c'est joli, j'aime bien la prononciation.

L'ordinateur est dans le salon, j'écris quand il n'y a personne. Toute la famille s'intéresse à mon blog. Nous habitons une maison et mes parents ne veulent pas mettre l'ordinateur dans ma chambre. Mon copain Rémi, lui, a son ordinateur dans sa chambre. Il est tranquille. Ma mère va lire mon blog et je n'aime pas ça. Mais bon, en général elle est sympa et assez

---

1. Un baladeur : un appareil pour écouter de la musique avec des écouteurs.
2. Un blog (fam., anglicisme) : un journal personnel sur Internet.

cool[3]. Mon père aussi. J'ai de la chance : mes parents sont ensemble. Ils nous aiment et ils s'aiment (enfin je crois). Moi aussi, je veux aimer et être aimée mais en ce moment j'étudie pour avoir un métier et être indépendante ! Je veux être infirmière ou écrire des livres. Je n'aime pas la misère, les guerres et la pollution.
Je suis une fille angoissée... J'ai surtout peur en cours de maths, c'est horrible ! Je déteste cette matière, le

3. Cool (fam., anglicisme) : calme, tranquille.

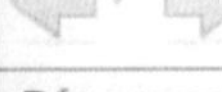

www.leblogdemassouira.com

Démarrage   Dernières nouvelles.

Web   Images   Maps   Actualités   Vidéo   plus ▼

prof[4] est très sévère[5]. La semaine prochaine il y a un contrôle[6]. Conclusion : je n'arrive pas à m'endormir ! Et j'ai mal au ventre !
Est-ce que les maths sont indispensables[7] pour être infirmière ? Ou pour écrire ? C'est une question...

Commentaires (4)

Moi aussi ma mère lit mon blog et j'ai 14 ans. Je ne parle pas beaucoup avec elle et elle veut me connaître, elle a peur pour nous. Sur Internet, il y a des gens malhonnêtes. Il faut un site de messagerie spécial : tu ne parles qu'avec les gens que tu connais et tu es toujours en contact avec tes copains et tes copines.

*Rédigé par : **Léa** 19 janv. 17:32*

C'est joli ton nom de blogueuse[8]. T'as l'air sympa. Moi, j'ai 13 ans et je vis avec mon père et ma belle-mère. Elle a une fille, elle s'appelle Lucia et elle a 16 ans, rien à dire, très cool. Mon père est prof de maths dans un collège à Lyon et moi, les maths, j'adore. Plus tard, je serai informaticien. Je peux t'aider. Qu'est-ce que tu ne comprends pas ?

*Rédigé par : **Vincent** 19 janv. 18:07*

---

4. Un prof. (fam.) : un professeur.
5. Sévère : dur avec les élèves.
6. Un contrôle : une interrogation, un test.
7. Indispensable : obligatoire.
8. Une blogueuse : elle écrit sur un blog.

T'es sérieux avec les maths ? J'ai un contrôle dans trois jours...

Rédigé par : ***Massouira*** *19 janv. 19:09*

Pas de problème ! Je suis là.

Rédigé par : ***Vincent*** *19 janv. 19:11*

J-2 avant le contrôle de maths !

www.leblogdemassouira.com

Démarrage Dernières nouvelles.

Web Images Maps Actualités Vidéo plus ▾

Dans ma classe on a une technique[1] pour le contrôle de maths ! L'organisation est simple, nous sommes tous d'accord : au dernier rang[2], un élève lève la main, il appelle le prof. et il lui dit :

– Monsieur, s'il vous plaît, je ne comprends pas le sujet.

Le prof va au fond de la classe, il se penche sur la copie et tourne le dos à la classe. Pendant ce temps, le fort en maths au premier rang (il s'appelle Laurent) lève sa feuille. Très vite tout le monde copie la solution. Quand le prof se retourne, tous les élèves sont penchés sur leur copie, tranquilles, pas un bruit dans la classe. Le prof sait qu'il se passe quelque chose mais il ne sait pas quoi ! Il n'arrive pas à comprendre le système !

Un jour toute la classe a eu faux : on a tous fait la même erreur. Le prof a regardé la classe dans

---

1. Une technique : une manière de faire.

2. Un rang : une ligne.

www.leblogdemassouira.com

Démarrage Dernières nouvelles.

Web Images Maps Actualités Vidéo plus ▼

les yeux, silence, il n'a rien dit, pas un mot... Et il a annoncé un nouveau contrôle !

Laurent, celui qui est fort en maths, a un secret[3] : il n'aime pas les Sciences de la Vie et de la Terre. Le prof de SVT demande de faire des exposés et il y a beaucoup d'informations à chercher. À tour de rôle[4], nous préparons les documents et lui, il n'a plus qu'à faire la présentation devant la classe. Alors il nous aide pour les maths, normal. Il est cool.

Plus que deux jours avant le contrôle. J'espère que ça va bien se passer.

---

3. Un secret : ce qui est non dit, caché.

4. À tour de rôle : une personne après l'autre.

j'ai mis une photo de mon chat.
ça, c'est la tête qu'il fait quand je lui parle de maths.
il est trop mignon !
c'est mon bébé d'amour.

www.leblogdemassouira.com

Démarrage Dernières nouvelles.

Web Images Maps Actualités Vidéo plus ▼

Commentaires (3)

Il est nul ce prof. Il ne faut jamais tourner le dos[5] à une classe ! Le jour où « ton » Laurent est malade vous êtes tous morts !

Rédigé par : ***Vincent*** *21 janv. 20:13*

Merci Vincent, tu lis toujours mon blog... Trop cool[6].
Moi, avant les contrôles, je fais des cauchemars[7]. Hier, j'ai fait un rêve : je suis dans la classe, je recopie une réponse de Laurent et tout à coup le prof est derrière moi ! J'ai peur, je ne bouge plus, j'attends, j'imagine le pire : je vais chez le directeur, il appelle mes parents, je suis renvoyée du collège ! Le drame[8] ! Je promets d'étudier les maths, de ne plus copier[9].
Et tout à coup le prof. de maths, derrière moi, me dit :
– Dépêchez-vous et n'oubliez pas d'écrire au stylo et pas au crayon !
Et là, je me réveille. Quelle angoisse. Je veux sortir de ce cauchemar ! J'ai besoin d'aide en maths !

Rédigé par : ***Massouira*** *21 janv. 20:32*

---

6. Trop (ici fam.) : superlatif employé à la place de *très* (*trop* cool, *trop* froid).
7. Un cauchemar : un mauvais rêve.
8. Un drame : un événement tragique.
9. Copier : ne pas connaître la réponse à un exercice, regarder sur le cahier de la personne assise à côté de soi et écrire la même chose qu'elle.

T'es ridicule[10], les maths ce n'est pas difficile. Il faut réfléchir et rester calme, c'est de l'entraînement.
Moi, je ne veux pas de problème alors je fais juste ce qu'il faut pour être tranquille au collège et à la maison. Va à la piscine, ça détend !
Si tu veux je peux t'aider, je suis sympa, et je suis sérieux pour la piscine.

Rédigé par : ***Vincent*** *22 janv. 07:22*

---

10. Ridicule : absurde, bête.

J'ai un secret

Aujourd'hui c'est dimanche. Le dimanche matin, je me réveille vers 7 heures et demie, c'est tôt. Ma sœur dort jusqu'à 10 heures, mes parents aussi. Je suis donc libre. J'adore être dans la cuisine le matin, je prends un plateau : dessus, je mets mon bol de chocolat, un croissant, un yaourt. Après je vais dans ma chambre, j'écoute de la musique ou je bouquine[1]. Le dimanche après-midi, on va souvent se promener au parc de la Tête-d'Or avec mes parents, mais quand il pleut c'est cinéma ou piscine avec mes copines. Mes deux meilleures copines c'est Nadia et Camille. On va toutes les trois à la piscine aujourd'hui. Je vais prendre ma belle serviette de toutes les couleurs, pour me cacher... Cadeau de ma sœur pour mon anniversaire, sympa !
J'ai eu 12 sur 20 au dernier contrôle de maths. Je suis heureuse ! Vincent est très sympa, il m'aide en maths. Il m'a donné son numéro de portable et nous

1. Bouquiner (fam.) : lire.

communiquons par textos. Il m'envoie des exercices et il m'explique les maths au téléphone. C'est super ! Mais je suis toujours très timide, on ne parle que de maths. Vendredi, avant-hier, ma mère a pris mon portable (elle perd toujours le sien) et elle m'a demandé :

– C'est qui Vincent ?

J'ai répondu :

– Un copain du collège, il m'aide en maths.

Vincent va à la même piscine que moi mais est-ce que je vais le reconnaître ? Je vais regarder tous les garçons de son âge. Ma copine Nadia pense qu'un fort en maths a des boutons[2] et des oreilles décollées. Moi je crois qu'il est beau et qu'elle est jalouse !

---

2. Un bouton : une partie de la peau gonflée et rouge.

www.leblogdemassouira.com

Démarrage Dernières nouvelles.

Web Images Maps Actualités Vidéo plus ▼

Personne ne m'aime excepté[3] mes parents bien sûr. Pour eux, je suis très belle, j'ai des cheveux magnifiques et des yeux noirs intelligents, je suis une « charmante jeune fille ». Moi, je me trouve trop grosse. Je suis petite, je voudrais être grande, avoir de longs cheveux raides et blonds comme Lorie[4], ma chanteuse préférée. Je porte des pantalons pour cacher mes jambes. Mes parents disent que c'est l'âge.

J'ai un secret : je n'en ai jamais parlé à personne. Je n'ai jamais marché main dans la main avec un garçon, je trouve que c'est bizarre. Ce n'est pas obligatoire à 12 ans et demi. Des grands de 14 ans au collège se prennent la main, dans le couloir quand on va à la cantine. C'est interdit par le règlement[5] du collège.

En résumé, j'ai des copines et des copains mais pas d'amoureux.

Commentaires *(3)*

Reste cool ! Moi aussi je me trouve laide, en plus j'ai un appareil pour mettre mes dents à la bonne place. Et j'ai 14 ans ! Je dis : « c'est à cause de l'appareil... », j'attends de ne plus avoir ce fil de fer dans la bouche.

*Rédigé par : **Léa** 13 fév. 17:43*

3. Excepté : sauf, à l'exception de.
4. Lorie : chanteuse française.
5. Un règlement : une loi.

Trop dur, l'appareil !

Rédigé par : ***Massouira*** *13 fév. 17:47*

Oui, tu as de la chance !

Rédigé par : ***Léa*** *13 fév. 17:48*

4 Après les vacances

À l'école, j'ai des copains mais je les trouve un peu jeunes, heureusement j'ai mes super copines. J'aime bien aussi mes amis à l'atelier de journalisme ; j'adore l'animateur, Nico : il est super beau. Ma copine Zoé aussi l'aime beaucoup.

Après l'atelier, il y a des garçons qui discutent devant le collège ; ils mettent de la musique et font de la tecktonik[1]. Moi, je suis trop timide pour danser dans la rue ! Avec Zoé nous les regardons et eux nous regardent aussi ; je n'entends pas ce qu'ils se disent mais je suis sûre qu'ils parlent de nous. Ils adorent tous Zoé, elle est blonde...

Dimanche dernier à la piscine, on a rencontré le prof de maths : il nous a dit bonjour. Il est souvent à la piscine et finalement je le trouve sympa. Il est plus cool depuis que j'ai de bonnes notes !

1. La tecktonik : un mouvement de musique et de danse.

Mes parents aussi sont très contents parce que j'ai eu de bonnes notes en maths à la fin du trimestre. « Félicitations ma chérie » a dit papa. Et maman a pensé : elle travaille bien et elle sait qu'on ne va pas refuser les soirées avec ses copines ! Dans trois semaines c'est l'anniversaire de Nadia. Camille et moi nous voulons lui faire une surprise : une soirée à la maison : toutes en pyjama dans ma chambre, on parle, on regarde des DVD...
Pendant les vacances de février, ma sœur et moi, nous sommes allées chez des cousins dans le Massif central. Trop froid et pas d'Internet, donc pas de nouvelles de Vincent.

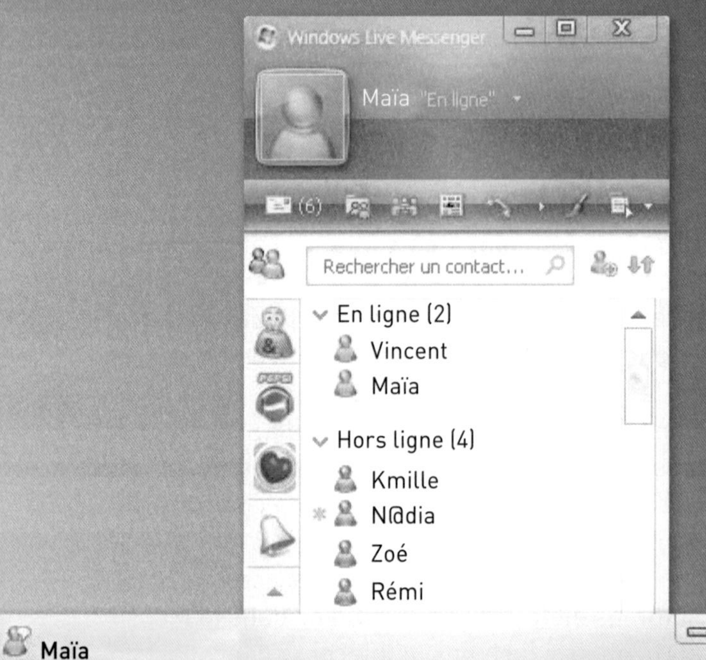

Vincent : Salut !

Maïa : Coucou !

Vincent : Nous sommes allés faire du ski ; j'adore la montagne et le ski. Hier on est rentrés de la montagne et je suis allé à la piscine avec mon père, j'ai beaucoup nagé. Je suis passé du ski à la natation, trop cool. Tu as un nouveau contrôle ? Tu veux de l'aide ? Je vais demander à mon père. Rendez-vous à la sortie des cours, j'habite à côté et mon père est prof dans ton collège. Si t'as une bonne note, tu m'invites à ta pyjama partie.

 Maïa 

Maïa : Tu es fou[3] ! 😁 Pas de garçons à la maison pour une pyjama partie ! Seulement mes meilleures copines : mes parents les connaissent et maximum trois copines en même temps. Mais bonne idée pour préparer mon prochain contrôle, super ! Rendez-vous sur le banc devant le collège : je suis brune, pas très grande, je suis en jean et j'ai des bottes noires. J'ai un pull à col roulé mauve et par-dessus un blouson noir, je n'ai pas de cartable mais un grand sac à dos. À demain.

Vincent : OK à demain ; je suis de taille moyenne, brun, cheveux courts ; je porte un jean, et des baskets, un sac à dos marron clair et un blouson marron foncé. Sûr que je vais te reconnaître.

Maïa : À demain.

---

3. Tu es fou (ici fam.) : ce n'est pas possible.

Je l'ai reconnu !

Maïa se dirige directement vers le banc, Vincent l'attend.

Elle avance vers lui et le regarde. Elle ne parle pas. Plus de voix, rien, le silence et c'est lui qui dit : « Maïa ? » Elle répond par un petit « oui » ; il lui dit : « Salut ! » Elle s'assoit de l'autre côté du banc.

Elle dit « merci pour ton aide » et lui : « Tu sais, moi, j'adore les maths et puis c'est sympa de te parler et de te rencontrer enfin. »

Et là, Maïa comprend : « C'est ton père mon prof ? » Vincent ironique[1] *: « Oui » et il se tait.*

Elle lui raconte tout : comment elle fait en classe ; elle ne regarde plus la copie de Laurent : un vrai miracle[2] *!*

Il la félicite : « Tu es une très bonne élève » et il se met à rire.

---

1. Ironique : moqueur.
2. Un miracle : un fait extraordinaire, inattendu.

Incroyable ! Pas possible ! Surnaturel ! Trop ! Un ange ! Qui ? Vincent !

Je comprends tout de suite quand je le vois sur le banc : je le connais, il ressemble au prof de maths ! Les yeux, les yeux sont les mêmes ! Je comprends pourquoi les contrôles du prof ressemblent aux exercices de Vincent. Trop fort ! Je l'adore : je le trouve mignon, charmant et intelligent.

Maintenant il m'attend toujours sur le même banc. Il regarde autour de lui, il surveille : il a peur de tomber sur[3] son père. Sur le banc ce n'est pas pratique pour travailler, hier on est allés à la cafétéria du grand

3. Tomber sur : rencontrer par hasard.

www.leblogdemassouira.com

Démarrage Dernières nouvelles.

Web Images Maps Actualités Vidéo plus ▼

magasin et on s'est installés au fond près de la fenêtre de la cour, personne ne peut nous voir.
Il est drôle, il a beaucoup d'humour et beaucoup de patience. Je comprends tout et je ne comprends pas comment je comprends...
Mes copines passent dire bonjour mais elles ne s'assoient pas avec nous, elles se marrent. Je suis rouge et mes yeux brillent. Quand Vincent me regarde, mon cœur bat très fort. Il est très sérieux : il m'explique (il est très fort dans les explications), il ne parle pas beaucoup de lui.
Je vais bientôt avoir 13 ans et c'est super d'avoir un vrai copain pour discuter, échanger des musiques, aller à la piscine.
J'ai envie de vivre, d'écrire, de découvrir le monde avec lui.

Commentaires *(1)*

Je suis un mec[4] : j'en ai marre des blogs de filles, elles parlent toujours des mecs. Je préfère mes copains, ils sont moins compliqués : nous jouons sur nos consoles de jeux et c'est passionnant. J'écris mon blog de temps en temps, pas souvent. Je fais aussi des concours de tecktonik et de skate. J'aime quand ça bouge !

*Rédigé par : **BB** 19 mars 23:16*

4. Un mec (fam.) : un homme, un garçon.

Soirée pyjama

www.leblogdemassouira.com

marrage Dernières nouvelles.

eb Images Maps Actualités Vidéo plus ▼

Les vacances de Pâques commencent ce week-end alors samedi soir, on fait une soirée pyjama chez moi pour l'anniversaire de Nadia, c'est une surprise,

www.leblogdemassouira.com

Démarrage   Dernières nouvelles.

Web   Images   Maps   Actualités   Vidéo   plus ▼

elle ne sait rien ! Ma mère est très cool et a fait des courses au supermarché : elle a acheté des pizzas, des chips, des jus de fruits, des gâteaux secs et une tarte aux pommes. Je mets des assiettes et des verres en carton pour une vraie fête. Dans ma chambre, je transforme mon lit une place en un lit deux places (le deuxième lit est dans un tiroir sous le premier lit). Ma sœur n'est pas contente parce qu'elle n'aime pas mes copines, elle est jalouse parce qu'on rigole[1] tout le temps ! Mon père nous installe les DVD et m'aide à décorer la pièce. C'est top[2] !
Pas de garçons : ordre des parents mais ils ont raison. Avec mes copines, on parle toutes ensemble et on rit, on a des fous rires[3] énormes. On regarde des DVD et on mange en même temps. On échange des posters géants de la *Star Academie*[4] ; on n'est pas d'accord : moi, j'aime Mathieu mais Nadia préfère Quentin. Camille est radicale : tous des nuls, elle est fan de Tokio Hotel. Chut : on ne va pas se disputer. On décide d'écrire un mail ensemble et de l'envoyer au fan club de Lorie. Quand tout le monde dort, on va dans le salon. Surprise, mon père a oublié d'éteindre

---

1. Rigoler : rire.
2. C'est top (fam.) : c'est super.
3. Avoir un fou rire : rire et ne pas pouvoir s'arrêter.
4. *La Star Academie* (*Star Ac*) : une émission de téléréalité où des jeunes chantent.

l'ordinateur, quelle chance ! On pleure de rire [5]. Chut, silence ; ma copine Nadia a trouvé une adresse mail pour Lorie :

« Lorie, on t'adore, T la meilleure. On est trois copines dans une pyjama partie, on a lu ton plus beau souvenir de pyjama partie : une dizaine de filles, en classe verte [6] sur une péniche [7]. Tu peux envoyer trois places pour ton prochain concert à Lyon ? On T'M [8]. »

---

5. Pleurer de rire : rire très fort.
6. Une classe verte : un voyage, un séjour scolaire à la campagne.
7. Une péniche : un bateau sur une rivière ou un fleuve.
8. On T'M (fam.) : on t'aime.

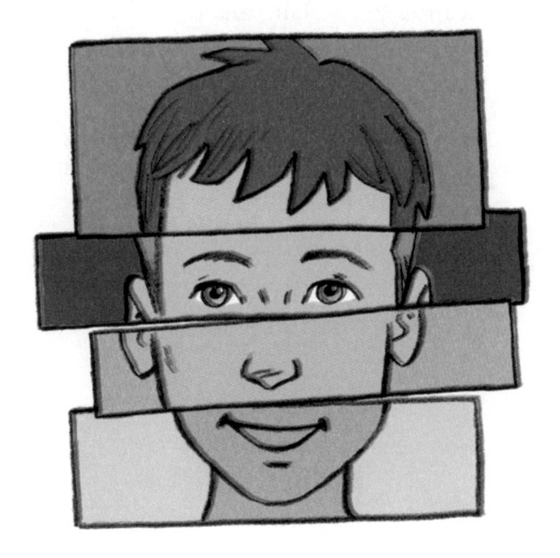

www.leblogdemassouira.com

Démarrage Dernières nouvelles.

Web Images Maps Actualités Vidéo plus ▼

Retour dans la chambre : on écoute de la musique, Nadia s'endort. Camille et moi, on parle et on fait le portrait d'un garçon idéal : gentil, pas trop timide mais pas trop sûr de lui non plus, normal, assez grand (comme nous ou un peu plus), brun aux yeux clairs pour moi et foncés pour Camille (elle trouve que les yeux foncés sont plus doux que les yeux clairs). Moi je ne sais plus la couleur des yeux de Vincent ? Je sais que son regard... me transforme ! Je le trouve sympa et gentil. C'est important d'avoir un copain.
Bon, je laisse mon blog, je vais faire des maths.

Commentaires *(2)*

Après les vacances je vais faire une pyjama partie chez moi et là je ne vais pas m'endormir, promis les filles ! ;-)

Rédigé par : ***N@dia*** *3 avril 11:26*

D'accord je le note.

Rédigé par : ***Kmille*** *3 avril 14:53*

Chapitre 7 C'est fou !

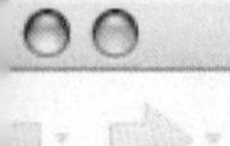

Hier il m'est arrivé quelque chose d'impossible, de la folie !
En ce moment, je suis cool. J'ai bien préparé avec Vincent mais j'ai un problème : mes parents me

surveillent. « Où tu vas ? Tu vas au cinéma avec Camille ? Tu rentres à quelle heure ? »
Ma mère me propose d'aller faire des courses. Ok d'accord, j'aime bien sortir avec ma mère, on discute et on prend toujours un pot[1] dans un petit bistrot. Dans le quartier, je m'habille cool avec mon vieux pantalon de sport, un grand pull à col roulé, il descend sous les genoux. Dans la rue, ma mère marche devant, toujours dynamique et moi, derrière plus tranquille.
Nous nous arrêtons à la boulangerie : il y a la queue[2] comme d'habitude. Nous nous mettons dans la file pour faire la queue et tout à coup un monsieur sort, il heurte[3] ma mère et s'excuse :
– Oh excusez-moi, madame.
Et là je reconnais mon prof de maths, le père de Vincent. Lui, il reconnaît ma mère (il la rencontre à la réunion des parents d'élèves). Ils se saluent, se serrent la main. Lui, il se retourne et à ce moment-là je découvre... Vincent !
– Mon fils, Vincent, dit-il. L'horreur ! Je voudrais disparaître, ne plus exister, me cacher, repartir à la maison. Impossible. Ma mère se tourne vers moi, elle me pousse en avant :
– Vous connaissez ma fille...
La fille est plus rouge que les bonbons à la fraise de la boulangère. Je vais pleurer. Et j'entends :
– Votre fille a découvert les mathématiques avec

---

1. Prendre un pot (fam.) : boire un verre et discuter avec quelqu'un.
2. La queue : la file d'attente devant un magasin, un cinéma.
3. Heurter : toucher.

Vincent. Je ne suis pas responsable de ses progrès[4] mais je tiens à féliciter Maïa pour ses efforts[5] et son travail, Vincent m'a beaucoup parlé d'elle !
Et je vois que ma mère comprend tout. Elle me regarde (je suis toujours toute rouge, au bord des larmes[6]), regarde Vincent et son père, elle sourit et dit :
– Oui, nous avons parlé au téléphone.
Moi, silence : je les observe... tout est normal, je dis bonsoir et fais demi-tour. Je rentre à la maison.

---

4. Responsable de ses progrès : qui est à l'origine de l'amélioration des notes.

5. Un effort : un travail supplémentaire pour réussir.

6. Être au bord des larmes : avoir envie de pleurer.

Je fais grève : c'est le contrôle du dernier trimestre, il compte pour le passage l'année prochaine. Je ne veux plus préparer, je ne veux plus parler à Vincent. C'est pas possible ! Je suis l'idiote, l'imbécile. J'ai un secret et toute la famille le connaît et Vincent...
Quelqu'un a-t-il vécu une histoire aussi incroyable ? C'est vrai qu'Internet est dangereux. Rencontrer le fils de son prof de maths sur Internet !
Gentil, Vincent ? Il a tout raconté à son père et il a parlé à ma mère. Qu'est-ce que je vais dire aux copines ? Aidez-moi.

Commentaires *(3)*

Pour moi Vincent est plus adulte que toi. Et il vaut mieux être copain avec ta mère, elle contrôle tout !

Rédigé par : ***Léa*** *12 avril 21:08*

Les filles vous êtes vraiment compliquées ! Nous les mecs, on a des jeux vidéos, on échange nos jeux, on s'invente des mondes, on passe notre temps sur les consoles, on se passe des musiques, des revues d'informatique... « Qu'est-ce que je vais dire aux copines ? » : rien ! En premier, tu parles à ton copain.

Rédigé par : ***Yougo*** *13 avril 07:40*

J'en ai marre grave[7] !

Rédigé par : ***Massouira*** *13 avril 16:13*

7. Grave (ici fam.) : très bien ou très mal.

Le « Blues » des vacances

www.leblogdemassouira.com

Démarrage Dernières nouvelles.

Web Images Maps Actualités Vidéo plus ▼

Encore un mois et demi avant les grandes vacances. C'est le printemps et presque l'été. Il fait chaud.

www.leblogdemassouira.com

Démarrage Dernières nouvelles.

Web Images Maps Actualités Vidéo plus ▼

Personne dans le salon, l'ordinateur est en marche, j'en profite. Nous allons en vacances chez mes grands-parents au sud du Maroc, dans les montagnes. Nous voyageons en avion. Je déteste l'avion mais j'adore la région, les couleurs, la chaleur. Mes grands-parents sont originaires[1] d'un village extraordinaire par la couleur rouge de ses maisons et le paysage. J'aime les paysages secs, je suis romantique et sentimentale. En été, toute la famille se réunit au bord de la mer. Un endroit merveilleux : Essaouira, un port magnifique. La maison de ma famille a une grande terrasse avec une vue extraordinaire sur la mer. Je vais retrouver mes oncles, mes tantes et mes cinq cousins, que des garçons entre 7 et 16 ans. Ils sont très sympas. L'été nous allons tous à la plage. Il y a plein de touristes : j'ai rencontré des Hollandais, des Espagnols, des Anglais, des Allemands et des Italiens.
J'attends les vacances. Je suis triste et je ne sais pas pourquoi. Tout va bien. Les parents de Vincent et les miens sont devenus amis : c'est incroyable !
Mes parents l'ont invité à la maison pour le remercier de mes progrès en maths. En classe, le père de Vincent est très cool, il ne tourne plus jamais le dos à la classe. Nous avons fait la paix.
Et mes parents ont invité Vincent au Maroc cet été. C'est génial d'avoir un vrai copain !

1. Originaire de : venir de.

Commentaires (2)

Quelle histoire : un vrai bonheur ! Et tu es triste ? Pourquoi ? Moi, pendant les vacances je vais à la campagne et il n'y a pas de touristes, je n'ai pas de cousins, il n'y a pas la mer...

Rédigé par : ***Léa*** *15 mai 17:05*

Oui je sais... Je ne suis pas triste mais j'aimerais avoir 18 ans.

Rédigé par : ***Massouira*** *15 mai 17:10*

Activités

Chapitre 1

1 Choisis la bonne réponse.

1. Le nom de blogueuse de Maïa vient :
a. de Rabat. ○
b. de Marrakech. ○
c. d'Essaouira. ○

2. Les parents de Maïa viennent :
a. d'Algérie. ○
b. du Maroc. ○
c. de Tunisie. ○

3. Maïa veut être :
a. infirmière. ○
b. blogueuse. ○
c. journaliste. ○

4. Les parents de Maïa sont :
a. divorcés. ○
b. mariés. ○
c. célibataires. ○

5. Maïa habite dans :
a. un appartement. ○
b. un hôtel. ○
c. une maison. ○

2 Remets la journée de Maïa dans l'ordre.

1. Je rentre à la maison après mes cours.
2. Je mange à la cantine.
3. J'écoute de la musique dans ma chambre.
4. Je vais au collège.
5. Je dîne avec mes parents.
6. Je fais mes devoirs dans la chambre.

3 Quel est le sens de ces phrases ?

1. « J'ai une autre identité. »
a. Maïa a une autre carte d'identité. ☐
b. Elle écrit avec un faux prénom. ☐
c. Elle a plusieurs nationalités. ☐

2. « Toute la famille s'intéresse à mon blog. »
a. Elle publie un livre. ☐
b. Sa famille est curieuse : elle veut la connaître et lire son journal. ☐
c. Sa famille ne veut pas lire son blog. ☐

4 Retrouve le contraire des mots dans le texte.

1. la misère → …
2. la guerre → …
3. les questions → …
4. s'endormir → …

Chapitre 2

5 Vrai ou faux ? Justifie ta réponse.

	Vrai	Faux
1. Laurent est toujours au dernier rang.	☐	☐
2. Il est nul en maths.	☐	☐
3. Il déteste les SVT.	☐	☐
4. Pendant le contrôle, c'est le silence.	☐	☐
5. Les élèves préparent les exposés de SVT pour Laurent.	☐	☐

6 Remets le récit du contrôle de maths dans l'ordre.

1. Le professeur va au fond de la classe.
2. Un élève lève la main pour appeler le professeur.
3. Le professeur tourne le dos à la classe.

4. Le professeur retourne à son bureau.
5. Toute la classe copie la solution.
6. Laurent trouve la solution, il l'écrit sur une feuille et la montre à toute la classe.

Associe les mots et leurs contraires.

1. fort
2. au dernier rang
3. le bruit
4. je me réveille
5. réfléchir

a. je m'endors
b. au premier rang
c. nul
d. le silence
e. penser

Chapitre 3

Mots mêlés. Retrouve les sept mots du corps humain dans la grille.

O	R	E	I	L	L	E	S
T	A	J	U	M	I	P	O
Q	H	Y	E	U	X	A	C
E	M	O	I	L	S	U	H
I	J	L	A	V	N	L	Z
J	A	M	B	E	S	E	L
P	U	A	Y	N	A	F	T
U	Z	I	O	T	G	S	F
I	G	N	D	R	U	W	O
C	H	E	V	E	U	X	B

Voici une liste de noms. Retrouve les adjectifs correspondants dans le chapitre.

1. la liberté → …
2. le bonheur → …
3. l'intelligence → …
4. la sympathie → …
5. la beauté → …
6. la jalousie → …

10 **Choisis la bonne réponse.**

1. Maïa veut se cacher dans sa serviette de bain :
a. parce qu'elle a froid. ○
b. parce qu'elle se trouve trop grosse. ○

2. Vincent aide Maïa :
a. à la piscine. ○
b. par textos. ○

3. Maïa rêve d'avoir :
a. de longs cheveux raides et blonds. ○
b. des cheveux courts, frisés et châtain foncé. ○

Chapitre 4

11 **Vrai ou faux ? Justifie ta réponse.**

	Vrai	Faux
1. Ce sont les vacances de Noël.	☐	☐
2. Maïa est allée seule dans le Massif central.	☐	☐
3. Elle est allée chez des cousins pour les vacances de février.	☐	☐
4. Vincent est allé faire du ski.	☐	☐
5. Devant le collège, il y a des jeunes qui dansent.	☐	☐
6. À la piscine, elle a rencontré Vincent.	☐	☐
7. Les parents de Maïa sont contents parce qu'elle a rencontré Vincent.	☐	☐

12 **Chasse l'intrus.**

1. jeunes – copains – garçons – amies
2. brune – sympa – blonde – grande
3. taille – pantalon – bottes – blouson

13

Retrouve les verbes correspondant aux mots.

1. le refus → …
2. la natation → …
3. l'invitation → …
4. la connaissance → …
5. la compréhension → …

Chapitre 5

14

Le récit de la rencontre entre Maïa et Vincent a été un peu transformé ! Retrouve le récit correct.

1. Maïa attend Vincent. Il est en retard. Ils se retrouvent à la cafétéria pour préparer le contrôle de maths. Quand elle le voit, Maïa sait que Vincent est le fils du professeur de mathématiques. Elle parle tout de suite avec lui, lui raconte sa vie au collège. Ses amies viennent discuter avec eux.

2. Vincent attend Maïa sur le banc. Timide, elle ne peut plus parler ; elle le remercie pour son aide. Elle lui raconte la vie dans la classe et il la félicite. Ils décident d'aller à la cafétéria pour travailler. Ils s'assoient près de la fenêtre. Elle comprend toutes ses explications. Ses amies passent dire bonjour.

3. Vincent est assis sur le banc, il attend Maïa. Tout de suite elle lui dit bonjour et lui dit qu'il est le fils du professeur de mathématiques. Vincent ne répond pas. Il l'invite à déjeuner à la cafétéria. Ils s'installent à côté de la fenêtre ; tout le monde peut les voir. Les amies de Maïa viennent s'asseoir à leur table et discuter.

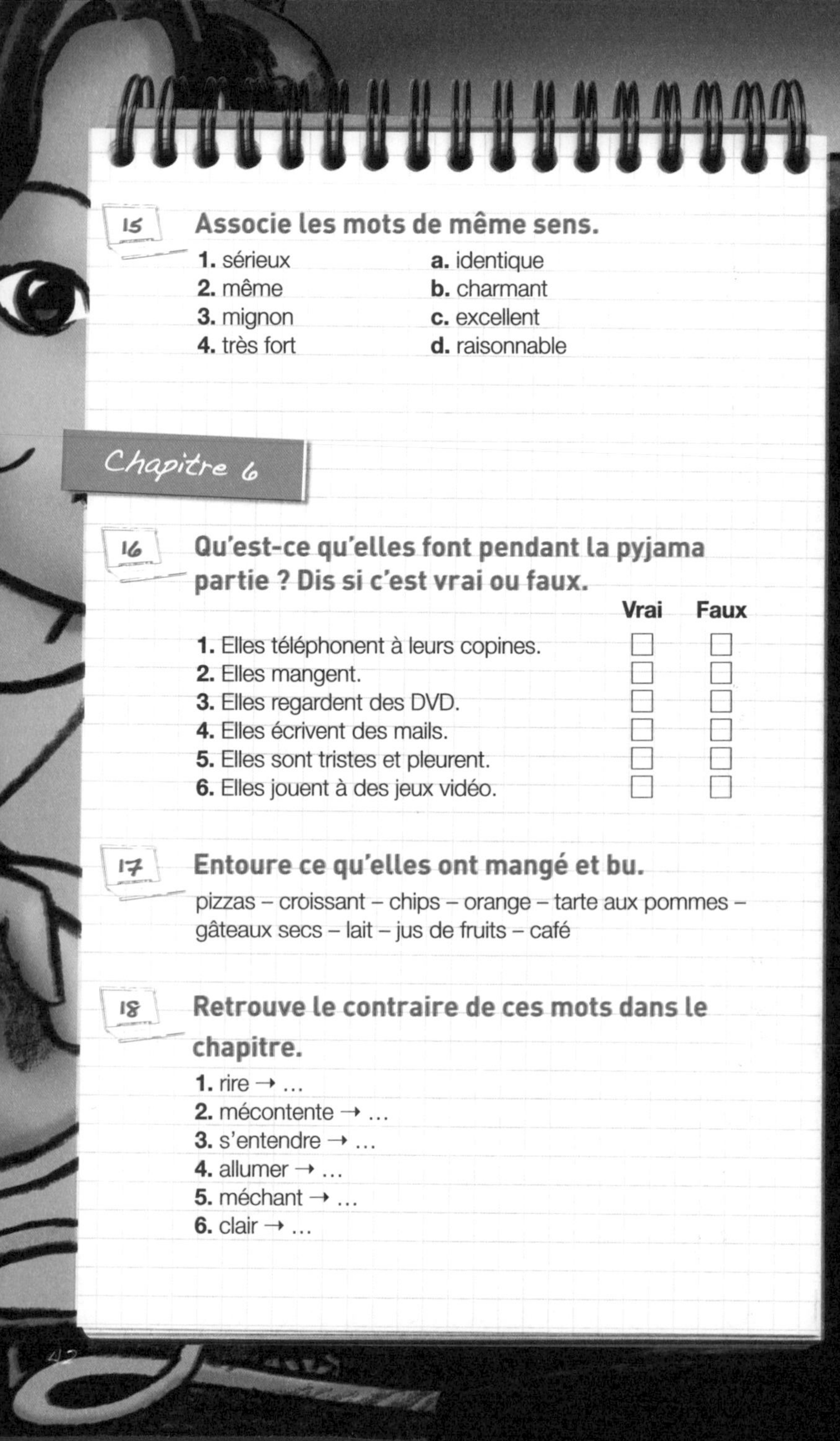

15 Associe les mots de même sens.

1. sérieux	**a.** identique
2. même	**b.** charmant
3. mignon	**c.** excellent
4. très fort	**d.** raisonnable

Chapitre 6

16 Qu'est-ce qu'elles font pendant la pyjama partie ? Dis si c'est vrai ou faux.

	Vrai	Faux
1. Elles téléphonent à leurs copines.	☐	☐
2. Elles mangent.	☐	☐
3. Elles regardent des DVD.	☐	☐
4. Elles écrivent des mails.	☐	☐
5. Elles sont tristes et pleurent.	☐	☐
6. Elles jouent à des jeux vidéo.	☐	☐

17 Entoure ce qu'elles ont mangé et bu.

pizzas – croissant – chips – orange – tarte aux pommes – gâteaux secs – lait – jus de fruits – café

18 Retrouve le contraire de ces mots dans le chapitre.

1. rire → …
2. mécontente → …
3. s'entendre → …
4. allumer → …
5. méchant → …
6. clair → …

Chapitre 7

19 **Vrai ou faux ? Justifie ta réponse.**

	Vrai	Faux
1. Maïa propose à sa mère de faire des courses.	☐	☐
2. Maïa déteste sortir avec sa mère.	☐	☐
3. Quand elles sortent, elles s'arrêtent dans un café.	☐	☐
4. Il n'y a personne dans la boulangerie.	☐	☐
5. Le père de Vincent ne connaît pas la mère de Maïa.	☐	☐
6. Maïa est très contente de rencontrer Vincent.	☐	☐
7. Vincent a déjà parlé au téléphone avec la maman de Maïa.	☐	☐
8. Maïa ne veut pas parler.	☐	☐

20 **Entoure ce que porte Maïa.**

un pantalon de sport – une chemise d'homme – un pull à col roulé – un manteau

Chapitre 7

21 **L'auteur a fait des erreurs. Réécris le récit de Maïa.**

Je vais en vacances dans le Nord du Maroc, dans la plaine. Nous voyageons en train. Je déteste la région, le froid.

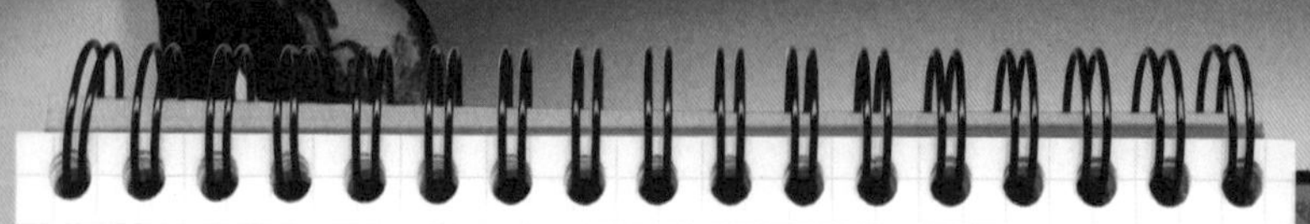

Mes grands-parents sont originaires d'un village extraordinaire par la couleur grise des maisons. J'aime les paysages humides. Au printemps, toute la famille se réunit dans la montagne. Essaouira est une ville dans les terres. Il n'y a pas d'étrangers et pas de touristes.

....

....

....

....

....

22 **Maïa est romantique et sentimentale. Et toi ? Trouve trois adjectifs pour te caractériser.**

....

....

....

23 **Choisis un souvenir de vacances et raconte-le comme Maïa.**

....

....

....

....

....

....

....

....

....

Corrigés

1 — **1.** c – **2.** b – **3.** a – **4.** b – **5.** c

2 — 4 – 2 – 1 – 6 – 5 – 3

3 — **1.** b – **2.** b

4 — **1.** la richesse – **2.** la paix – **3.** les réponses – **4.** se réveiller

5 — **1.** Faux : il est au premier rang – **2.** Faux : il est fort en maths – **3.** Vrai – **4.** Vrai – **5.** Vrai

6 — 2 – 1 – 3 – 6 – 5 – 4

7 — **1.** c – **2.** b – **3.** d – **4**. a – **5.** e

8 —

O	R	E	I	L	L	E	S
T	A	J	U	M	I	P	O
Q	H	Y	E	U	X	A	C
E	M	O	I	L	S	U	H
I	J	L	A	V	N	L	Z
J	A	M	B	E	S	E	L
P	U	A	Y	N	A	F	T
U	Z	I	O	T	G	S	F
I	G	N	D	R	U	W	O
C	H	E	V	E	U	X	B

9 **1.** libre – **2.** heureuse – **3.** intelligents – **4.** sympa – **5.** beau/belle – **6.** jalouse

10 **1.** b – **2.** b – **3.** a

11 **1.** Faux : ce sont les vacances de février – **2.** Faux : elle est partie avec sa sœur – **3.** Vrai – **4.** Vrai – **5.** Vrai – **6.** Faux : elle a salué son prof de maths – **7.** Faux : ils sont contents parce qu'elle a de bonnes notes en maths.

12 **1.** amies – **2.** sympa – **3.** taille

13 **1.** refuser – **2.** nager – **3.** inviter – **4.** connaître – **5.** comprendre

14 Récit n° 2

15 **1.** d – **2.** a – **3.** b – **4.** c

16 **1.** Faux – **2.** Vrai – **3.** Vrai – **4.** Vrai – **5.** Faux : elles pleurent de rire – **6.** Faux

17 Mots à entourer : pizzas – chips – tarte aux pommes – gâteaux secs – jus de fruits

18 **1.** pleurer – **2.** contente – **3.** se disputer – **4.** éteindre – **5.** gentil – **6.** foncé

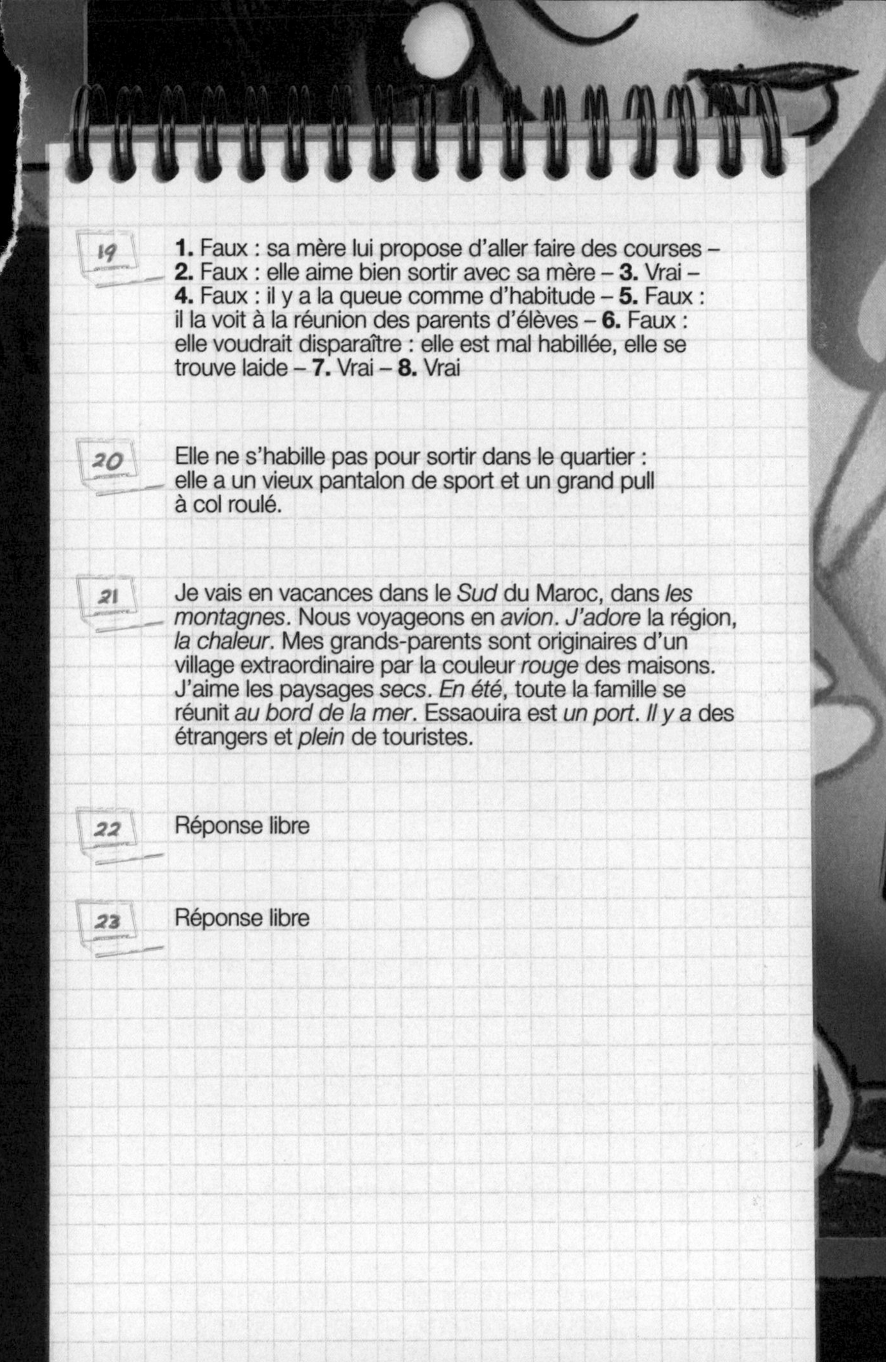

19

1. Faux : sa mère lui propose d'aller faire des courses – **2.** Faux : elle aime bien sortir avec sa mère – **3.** Vrai – **4.** Faux : il y a la queue comme d'habitude – **5.** Faux : il la voit à la réunion des parents d'élèves – **6.** Faux : elle voudrait disparaître : elle est mal habillée, elle se trouve laide – **7.** Vrai – **8.** Vrai

20

Elle ne s'habille pas pour sortir dans le quartier : elle a un vieux pantalon de sport et un grand pull à col roulé.

21

Je vais en vacances dans le *Sud* du Maroc, dans *les montagnes*. Nous voyageons en *avion*. *J'adore* la région, *la chaleur*. Mes grands-parents sont originaires d'un village extraordinaire par la couleur *rouge* des maisons. J'aime les paysages *secs*. *En été*, toute la famille se réunit *au bord de la mer*. Essaouira est *un port*. *Il y a* des étrangers et *plein* de touristes.

22

Réponse libre

23

Réponse libre

Achevé d'imprimé en Espagne par Cayfosa Impresia Ibérica
Dépôt légal: janvier 2018 - Collection n°47 - Édition 09
15/5672/9